Affaire Ségolène Royal - Olivier Falorni
Ce qu'il faut en retenir pour l'Histoire

Un écrivain engagé, un observateur indépendant

Du même auteur*

Certaines œuvres sont connues sous différents titres.

Romans

Le Roman de la révolution numérique
Ils ne sont pas intervenus (Peut-être un roman autobiographique)
La Faute à Souchon
Quand les familles sans toit sont entrées dans les maisons fermées
Liberté j'ignorais tant de Toi
Viré, viré, viré, même viré du Rmi !

Théâtre

Neuf femmes et la star
Les secrets de maître Pierre, notaire de campagne
Ça magouille aux assurances
Chanteur, écrivain : même cirque
Deux sœurs et un contrôle fiscal
Amour, sud et chansons
Pourquoi est-il venu :
Aventures d'écrivains régionaux
Avant les élections présidentielles
Scènes de campagne, scènes du Quercy
Blaise Pascal serait webmaster
Trois femmes et un Amour
J'avais 25 ans
« Révélations » sur « les apparitions d'Astaffort » Brel Cabrel

Théâtre pour troupes d'enfants

La fille aux 200 doudous
Les filles en profitent
Révélations sur la disparition du père Noël
Le lion l'autruche et le renard,
Mertilou prépare l'été
Nous n'irons plus au restaurant

* extrait du catalogue, voir page 31

Stéphane Ternoise

Affaire Ségolène Royal - Olivier Falorni
Ce qu'il faut en retenir pour l'Histoire

Un écrivain engagé, un observateur indépendant

Sortie numérique : 19 juin 2012

Jean-Luc Petit éditeur – Collection Politique

5

Stéphane Ternoise versant essayiste:

http://www.**essayiste**.fr

Tout simplement et logiquement !

Site officiel : http://www.ecrivain.pro

© Jean-Luc PETIT - BP 17 - 46800 Montcuq – France

Présentation...

Battue dimanche 17 juin 2012, au second tour des élections législatives dans la première circonscription de Charente-Maritime, à La Rochelle, Ségolène Royal dénonça une "trahison politique." Réaction logique, crédible, acceptable, risible, indécente ?

Il ne s'agissait pas de son premier parachutage. Même pas de son premier parachutage raté. En 1995, déjà, elle avait obtenu une investiture du Parti socialiste, pour l'élection municipale de Niort où le maire sortant, Bernard Bellec, socialiste, avait refusé de céder, s'était présenté en dissident, avait gagné.

Du discret soutien de François Hollande au tacle de Valérie Twitter, enfin Trierweiler, le duel Ségolène Royal - Olivier Falorni est parvenu à éclipser les débordements du duo Marine Le Pen - Jean-Luc Mélenchon lors des législatives 2012...

Cet épisode témoigne surtout d'une certaine conception de la politique...
Naturellement, comme les autres, il se perdra dans la mémoire des péripéties politiciennes... il est donc essentiel de le disséquer tant qu'il est encore chaud... Et en totale indépendance.

Stéphane Ternoise
Parfois essayiste
http ://www.essayiste.net

7

Sur la cohérence de la candidature à la députation de Ségolène Royal...

En 2006, Ségolène Royal, députée, candidate à la présidentielle, avait annoncé son intention de ne pas se représenter aux législatives... Même en cas d'échec présidentiel.

Le 11 mai 2007, au nom de la règle du non-cumul des mandats, qui lui était chère, madame la présidente de la région Poitou-Charentes se refusait l'opportunité d'être l'opposante numéro 1 de Nicolas Sarkozy. Les conseillers régionaux du Poitou-Charentes durent même suivre cette "loi ségolienne" aux législatives de 2007 puis sénatoriales de 2008.

En 2011, alors que François Hollande se déclarait décidé à imposer le non-cumul des mandats en cas d'élection, Ségolène Royal se lançait dans les législatives, donc le cumul des mandats !

Elle fut naturellement interrogée sur ce cumul. *La Charente Libre* a suivi son intervention avant l'ouverture de la session du conseil régional en mai 2012 : si elle avait été élue députée elle aurait démissionné de la présidence de la région Poitou-Charentes... quand la loi sur le non-cumul des mandats exécutifs l'exigerait. C'est à dire qu'elle n'aurait pas démissionné mais ne se serait pas représentée lors du renouvellement des assemblées territoriales ! Donc en 2014... ou 2015.

9

Mais en cas d'élection à la présidence de l'Assemblée nationale, elle aurait immédiatement quitté la présidence du conseil régional. *"Elle devrait alors reste simple conseillère régionale"* notait le quotidien. C'est-à-dire que dans toutes les hypothèses, la femme qui se prétendait opposée au cumul des mandats, les aurait cumulés !

Parachutages...

En mai 1988, dans les salons de l'Élysée, le jour de l'investiture de son second septennat, Ségolène Royal demanda un cadeau à François Mitterrand : une circonscription pour les élections législatives.
Soit François Mitterrand avait une confiance absolue en elle, soit il lui offrit un cadeau empoisonné : la deuxième circonscription des Deux-Sèvres, une terre de droite, alors prétendue ingagnable par la gauche.

Une autre version prétend qu'elle évoqua avec le Président l'hypothèse d'être suppléante de Bernard Kouchner lors de ces législatives, et qu'il
lui proposa les Deux-Sèvres... car Pierre Mauroy, responsable des investitures, n'avait personne.

Les deux versions s'accordent sur la démagogie de sa campagne, sa verve allant jusqu'à promettre aux paysans qu'elle leur donnerait des cours d'anglais pour qu'ils puissent exporter leur chabichou.
Elle fut élue au second tour de scrutin, 50,57 %.
François Mitterrand lui accorda, en 1992, dans le cadre de ses grands travaux présidentiels, une subvention de 50 millions de francs pour les communes du Marais poitevin des Deux-Sèvres, dans sa circonscription, qu'elle conserva (ainsi) en 1993.

Députée, elle voulut également l'écharpe tricolore. Mais investie en 1995 par le Parti socialiste, elle se cassa les dents sur le maire socialiste sortant Bernard Bellec, qui se présenta en dissident.

Une circonscription occupée...

Depuis 2007, Delphine Batho, leader syndicale étudiante puis de SOS Racisme, avant de prendre la succession de Ségolène Royal comme députée de la deuxième circonscription des Deux-Sèvres, ayant pris du poids au PS et dans les médias, l'ex-candidate à la présidentielle ne voulut pas la prier de lui restituer "sa" circonscription.

Et c'est ainsi qu'elle se parachuta de nouveau ! Certes, pas très loin.

Le 24 octobre 2011, lors d'un tchat organisé par le quotidien *Sud-Ouest*, le député-maire de La Rochelle, Maxime Bono, annonçait qu'il ne se représenterait pas en 2012, intronisant presque Ségolène : « *J'entends que la présidente de Poitou-Charentes serait amenée à jouer un rôle important dans la République. Si ce rôle se jouait dans notre circonscription, qui s'en plaindrait ?* » Ségolène Royal confirmait quasi immédiatement.... et dès le lendemain, le premier secrétaire fédéral du PS17, Olivier Falorni, se scandalisait du « *parachutage de la honte.* »

La fédération avait investi Patricia Friou, conseillère municipale à La Rochelle, et Olivier Falorni comme suppléant.
« *Nous avons maintenant la démonstration de ce qu'est la démocratie participative à la mode de Ségolène Royal. En venir à adopter ces*

méthodes pour être imposée d'en haut, c'est le signe d'une faiblesse inouïe. »

Mi-novembre 2011, le journaliste Pierre Salviac, homme influent de la région, dénonçait à son tour le parachutage de Ségolène Royal et envisageait sa propre candidature « *Je ne supporte pas ce parachutage, d'autant que j'ai cru comprendre qu'elle vise le perchoir. La Rochelle, elle s'en fiche. À ce compte-là, je suis plus légitime qu'elle.* » Jean-Louis Foulquier, autre figure locale (France-Inter et créateur des *Francofolies*) s'engageait aussi, comme suppléant. Ils renonceront finalement.

Début décembre, le 9, Ségolène Royal, dans un entretien à Sud Ouest : « *Ce n'est pas moi qui suis désapprouvée, mais la méthode et ce n'est pas moi qui l'aie choisie. Mais j'estime qu'elle est légitime dès lors que le vote des militants ne pouvait pas avoir lieu en toute sérénité. Sinon j'aurai préféré qu'il y ait un vote.* » Faute de sérénité, annulons le vote !

Le 19 février 2012, Olivier Falorni confirma donc sa candidature. Avec des mots déjà vifs : « *On veut nous imposer ici la restauration de la monarchie absolue. On se transmet une circonscription comme un fief féodal de vassal à suzeraine.* »
Ségolène le prit de haut : « *On verra si cette candidature va jusqu'au bout. Pour l'instant c'est une annonce.* »

Comme il persista, il fut exclu du P.S.

À quelques semaines du vote, l'hypothèse la plus probable devint Ségolène Royal largement en tête devant Olivier Falorni (suppléante Patricia Friou) et l'UMP Sally Chadjaa. Au mieux le dissident se désisterait, au pire, la parachutée remporterait facilement la triangulaire.

Le 7 juin, avec 19 005 voix sur les 59 334 exprimés (59 904 votants), soit 32,03% des exprimés (19,24% des inscrits), Ségolène Royal arriva effectivement en tête de ce premier tour mais avec moins de deux mille voix d'avance sur Olivier Falorni, recueillant 17 155 (28,91% des exprimés), loin devant Sally Chadjaa (UMP) à 19,47%, soit seulement 11,69% des inscrits, en dessous de la barre des 12,5%, des inscrits, pourcentage nécessaire pour se maintenir au deuxième tour.

Dominique Bussereau, ex-ministre des transports, président UMP du Conseil Général de Charente-Maritime, appela immédiatement à voter pour Falorni : « *Entre un candidat Charente-Maritime et une intruse, j'appelle à voter en tant que président du conseil général pour le candidat de terrain et local qui représente le mieux la Charente-Maritime.* »

Le PS, lui, exigea que le dissident Falorni se désiste pour permettre un triomphe de la parachutée. Et la guerre de l'entre deux tours eut lieu !

Avec, point culminant, l'intervention de la compagne de François Hollande, qui prouva qu'avec les 140 caractères de Twitter on peut mettre le feu à un Parti Politique, et même gifler publiquement l'ex de son mec. Le 12 juin, tandis que le nouveau Président normal avait

apporté un soutien normal à la candidate officielle aussi mère de ses enfants, que Martine Aubry et Cécile Duflot montraient l'union de la gauche officielle à une tribune, Valérie Trierweiler balançait son 230eme tweet à 11 heures 56 : « *Courage à Olivier Falorni qui n'a pas démérité, qui se bat aux côtés des rochelais depuis tant d'années dans un engagement désintéressé.* »

L'hypothèse d'un piratage du compte fut immédiatement envisagée.

Mais non, c'était bien elle ! Même si la gauche était restée sur son tweet d'octobre 2011 « *Hommage à Ségolène Royal pour son ralliement sincère, désintéressé et sans ambiguïté.* »

Une semaine plus tard, le 19 juin, son message avait déjà bénéficié de 5 970 retweets et 1 870 mises en Favori.

Sa réaction de Ségo : « *Je n'ai pas voulu volontairement réagir hier car le coup était trop violent, ça ne veut pas dire que je ne suis pas meurtrie, je ne suis pas un robot... (...) Je demande le respect par rapport à une mère de famille dont les enfants entendent ce qui se dit...* » Elle voulait être Présidente de la

République, elle voulait être Présidente de l'Assemblée Nationale, et quelques mots la déstabilisent ! Elle aurait pu en sourire ? Ou est-ce qu'elle a compris qu'en fait ce message résumait la pensée de ses camarades socialistes ? Que tous la consoleraient de sa défaite dont ils se réjouiraient ?

La tension monta encore et Ségolène Royal médiatisa un "événement" qui n'aurait peut-être pas mérité plus qu'un sourire de dépit : dans la nuit du 14 au 15 juin, elle a découvert, sur la porte de son appartement rochelais, une petite feuille visiblement A4 où était noté un slogan de son adversaire : "*Ici ici c'est Falorni*". Les médias eurent même l'opportunité de photographier le travail des policiers !

Madame Royal déposa plainte et monsieur Falorni eut beau jeu de dénoncer une "*stratégie de victimitude*" (allusion au néologisme "bravitude" de la candidate à l'Elysée 2007 en visite en Chine), ironisant « *au réveil, j'ai appris qu'il y avait un nouveau watergate à La Rochelle, le watergate de l'affichette. Elle avait retrouvé une affichette scotchée sur sa porte. Et puis maintenant, on nous parle, je crois, de cambriolage, d'agression. Dans quelques heures, je vous l'annonce, Mme Royal va sûrement déclarer que je suis le cambrioleur, je crois que tout cela doit cesser.* »

Le tweet n'a finalement rien changé sur le

terrain : les sondages donnaient 58% à Olivier Falorni, il a recueilli 62,97% le 17 juin. 61 206 bulletins se sont exprimés. Une écrasante victoire. Il a simplement permis d'éclairer la face cachée de la journaliste du groupe Lagardère qui accompagnera peut-être durant cinq ans notre président. Je sais, Valérie Trierweiler est rarement présentée comme journaliste du groupe Lagardère. Les journalistes préfèrent noter qu'elle travaillait (travaille ?) pour *Paris-Match*.

Ségolène Royal reconnaissait rapidement sa défaite, l'enregistrait même avant 20 heures... Interview diffusée à 19 heures 50, soit avant l'heure légale pour les résultats. Ségolène réussissait ainsi à voler la vedette aux vainqueurs.

« Le résultat de ce soir est le résultat d'une trahison politique (...) Olivier Falorni est un député de droite (...) Je garde intacte ma volonté de continuer à servir notre territoire rochelais et charentais-maritime que je sers depuis huit ans à la tête de la région Poitou-Charentes (...) Je continuerai à peser sur les choix et sur la réussite de la politique nationale que mène le gouvernement de Jean-Marc Ayrault et le président de la République... »

Les arguments d'entre les deux tours

Martine Aubry sur France-Inter : « *Je le redis à Olivier Falorni avec beaucoup de force : tout le monde va respecter la règle qui est qu'il faut se désister pour le candidat le mieux placé.* »
Ségolène Royal devenait même une « *grande présidente de la région Poitou-Charentes.* » Qu'elle le reste, alors, aurait pu lui répondre un journaliste malintentionné !
Sur i-Télé, Harlem Désir, le numéro deux du parti : « *Ségolène Royal est arrivée en tête. Nous demandons à Olivier Falorni, comme à tous les candidats de gauche arrivés en second, de reconnaître le choix des électeurs (...) Il ne doit pas accepter d'être instrumentalisé par l'UMP.* »
Sur Europe 1, Bruno Le Roux, secrétaire national aux élections : « *Olivier Falorni se ferait élire avec un autre électorat que celui de gauche.* »
Olivier Falorni eut droit à Europe 1 où il dénonça cette approche d'une Ségolène Royal qui « *veut être candidate unique au deuxième tour : ça c'était du temps de l'URSS, pas dans la France du XXIe siècle.* »
Pour Ségolène Royal le maintien de sa candidature fut « *une forme de trahison politique qui s'apparente à celle d'Eric Besson en 2007* » (membre de la direction du PS, il avait démissionné en pleine campagne présidentielle, puis apporté son soutien à Nicolas Sarkozy). Il « *n'est pas l'homme de la*

majorité présidentielle, mais bien l'instrument du Tout Sauf Ségolène » avec retour à sa vieille théorie du complot des hommes, des « *revanchards qui n'ont jamais accepté qu'une femme assume un destin politique au plus haut niveau.* » Lionel Jospin de l'Ile de Ré était visé ?

Pendant ce temps-là, la candidate socialiste Catherine Arkilovitch, arrivée troisième avec 21,98% dans la troisième circonscription du Vaucluse, se maintenait au second tour, causant une triangulaire dont profita naturellement Marion Maréchal-Le Pen, arrivée en tête avec 34,65% devant le député sortant UMP Jean-Michel Ferrand, second à 30,03 %. Le principe du "front républicain" contre le FN aussi fut décrété par le PS, et réaffirmé par Martine Aubry. Mais la petite-fille de Jean-Marie Le Pen est ainsi devenue, à 22 ans, la plus jeune députée de l'histoire de la cinquième république... Moins grave que LA défaite ?

Un homme normal passé d'une femme à une autre femme

Le conflit entre Valérie Trierweiler et Ségolène Royal va t-il rythmer la présidence de François Hollande ?

Une phrase ne fut pas suffisamment analysée : celle du soutien normal de François Hollande sur l'affiche de la mère de ses enfants : *"Dans cette circonscription de Charente-Maritime, Ségolène Royal est l'unique candidate de la majorité présidentielle qui peut se prévaloir de mon soutien et de mon appui"*.

Certains militants considèrent François Hollande comme un grand écrivain : il a écrit un livre de candidat ! Il était pourtant facile d'écrire une phase ne laissant place à aucune ambigüité.

Mais *"l'unique candidate de la majorité présidentielle qui peut se prévaloir de mon soutien et de mon appui"*, ne signifie pas qu'elle est l'unique candidate pouvant se prévaloir de son soutien et de son appui ! Une de ces phrases qui laisse la possibilité de lire entre les mots, qu'Olivier Falorni ayant été exclu du PS, ne peut plus être considéré comme candidat de la majorité présidentielle... mais il est concevable qu'en off aient circulé des *"dans cette circonscription de Charente-Maritime, Olivier Falorni est l'unique candidat dissident qui peut se prévaloir de son soutien et de son appui."*

François Hollande aurait apprécié de se farcir Ségolène Royal cinq ans au perchoir ?
François Hollande a-t-il fait jouer à sa compagne le rôle de la messagère secrète ?

Olivier Falorni

Professeur d'histoire-géographie au lycée professionnel Pierre-Doriole de La Rochelle, Olivier Falorni n'est pas un professionnel de la politique. Il avait 26 ans, quand en août 1998, il s'est rendu à l'université d'été du Parti socialiste se déroulant justement dans sa ville. Il y fut subjugué par le discours de François Hollande dont il est devenu un fidèle, après avoir adhéré au PS en 1999. En 2001, il figure sur la liste de Maxime Bono lors des municipales, il est élu, comme en 2008 où il obtient le poste d'adjoint aux finances.
Ascension rapide : secrétaire fédéral du parti en 2004... organisateur de l'université d'été de 2005 à 2011...
« *Un appareil parisien a voulu imposer une candidature. Les électeurs n'en ont pas voulu. Ils m'ont témoigné leur confiance et je saurai m'en montrer digne (...) Je serai un député de gauche.* »

Lundi 18 juin, Olivier Falorni s'est rendu à la séance du conseil régional de Poitou-Charentes que ne présidait pas la présidente, absente, restée à La Rochelle. Il a présenté la démission de son mandat de conseiller régional. « *Je souhaite que le slogan de cette région, la démocratie participative, ne soit pas qu'un slogan.* »
« *C'est évidemment triste pour moi de quitter mon mandat de conseiller régional parce que je n'ai pas pu pleinement exercer mon*

mandat. » Sa place dans l'hémicycle régional avait été changée, viré du groupe socialiste vers le dernier rang. « *Je préfère un siège éjectable à un parachute.* »

Il démissionna aussi de son mandat d'adjoint au maire de La Rochelle, restant néanmoins conseiller municipal et communautaire.

Surpris de sa victoire ? À *Sud-Ouest*, il confessa simplement : « *Plus ma concurrente devenait politiquement hystérique, plus je me sentais force tranquille.* »

Où va-t-il siéger ? Il n'est plus socialiste ! Il est exclu du PS. Mais quelques voix signalent qu'il s'est toujours considéré socialiste.

Une image de la politique...

Que va faire la gauche de « tous les pouvoirs » ? Se chamailler ou travailler au service de la France ? Les rancunes, les rancoeurs, dépasseront les idées de réformes justes ? Certains ont sincèrement soutenu la gauche. Je comprends qu'ils souhaitaient un changement après deux Chirac un Sarkozy mais ce Parti Socialiste, ces écologistes, étaient-ils suffisamment réformés pour diriger le pays ? Depuis des années je critique en vain la politique dite socialiste du Conseil régional de monsieur Martin Malvy, du Conseil Général de monsieur Gérard Miquel, et rien, absolument rien, je scrute les dossiers sur lesquels j'ai quelques compétences (ils ne sont pas nombreux) et ne peux que continuer à dénoncer... En sera-t-il de même durant ces cinq prochaines années ? Ce Parti Socialiste, si hautain dans la proclamation de valeurs, éprouve les pires difficultés à les appliquer. Le Front National est entré au parlement sans application de la proportionnelle mais là où il bénéficia d'une absence de Front Républicain. C'est un peu le premier bilan d'un mois de François Hollande président. Après tant de légitimes critiques sur le Sarkozysme (le Chiraquisme ne fut pas pire ?), la gauche ne peut pas oublier son devoir de justice et dignité...

Ségolène, la chanson

Je n'ai jamais cru que madame Ségolène Royal puisse réformer le Parti Socialiste et diriger la France. J'avoue ne jamais avoir mieux considéré le père de ses enfants.
J'avais répondu à son désir d'avenir par http ://www.desirdelysee.org
La chanson *Ségolène*, parodie de *Bécassine* de notre Chantal Goya nationale, fut écrite en juin 2006, enregistrée par Frédérique Zoltane. Elle figure dans le *CD SARKOZY http ://www.cdsarkozy.com* produit fin 2006, autocensuré par les médias mais enfin disponible « presque partout »... sur Internet, d'Itunes à Virgin en passant par les autres.
Pourtant Dominique Dhombres continue à être considéré, avec sa chronique dans *Le Monde* du 19 janvier 2007, où il affublait la candidate socialiste du surnom de la servante bretonne de Madame de Grandair, comme le créateur de ce précieux rapprochement !... Au-delà de mes sites Internet, le quotidien *Metro* l'avait pourtant signalé en octobre 2006...

Dès juin 2006, je voyais en François Bayrou le seul candidat capable de battre Nicolas Sarkozy. Tandis que la voix officielle du *Monde*, Jean-Marie Colombani, tenta, jusqu'à la veille du premier tour, de réduire le débat à un duel Nicolas Sarkozy, Ségolène Royal. Quant au Nouvel Observateur, il virait carrément au *Nouvel Obségolateur*. Traumatisés par leur rôle dans le 21 avril

2002, (comme le "*Ni Chirac ni Jospin*" proposé à son lectorat par Jean-François Kahn) les médias ont occulté la possibilité centriste. En 2002, nos vaillants médias de gauche ont assuré la victoire de Jacques Chirac, cinq ans plus tard celle de Nicolas Sarkozy.

Même dans le domaine culturel, quand on touche à la politique, avoir raison avant les autres est dangereux ! Ils ne vous le pardonnent pas... Mais l'Histoire... Le CD Sarkozy fut une victime collatérale... Une censure banale... Jugée nécessaire...

Ségolène

Tandis que son frère combattait des écologistes
Elle empruntait la voie royale de l'Enarriviste
Conseillère dans une boîte à idées mitterrandistes
La vraie vie selon les socialistes

Quand Bérégovoy ouvre le chapeau du président
Il la catapulte ministre de l'environnement
Elle plaira à certains magazines tout simplement
Et parfois ça devient suffisant
Mais pour Jospin elle restera
Loin derrière Aubry et Guigou
Préparant son come-back sans la redouter

Ségolène, c'est une aubaine
Ségolène, est magicienne
Quand les éléphants sont en guerre
La gazelle saute saute en l'air
On lui dit t'es une reine
Che Guevara des ménagères
Ségolène, c'est une aubaine
Ségolène, est magicienne
Saints sondages restez avec Nous
On sait qu'on ira jusqu'au bout
Ségolène, tu nous rends fous

Quand prudents les éléphants ignorent les
Régionales
Sur les terres de Raffarin déboule madame Royal
La chute des chiraquiens en fit une femme fatale
Quand nos voisins se donnent une chancelière
La France ne voit plus qu'une femme pour nous
éviter le Sarkozy
Depuis à tout ce qu'elle dit le pays dit oui

Ségolène, c'est une aubaine
Ségolène, est magicienne
Quand les éléphants sont en guerre
La gazelle saute saute en l'air
On lui dit t'es une reine
Che Guevara des ménagères
Ségolène, c'est une aubaine
Ségolène, est magicienne
Saints sondages restez avec Nous
On sait qu'on ira jusqu'au bout
Ségolène, tu nous rends fous

Œuvre originale : Bécassine, Chantal Goya.
Parole et musique : Jean-Jacques Debout.

C'était donc en 2006. La chanson préférée de Valérie Trierweiler ?

Valerie Trierweiler et twitter

Aujourd'hui mardi 19 juin 2012, 7eme jour que Valérie Trierweiler n'a pas utilisé twitter. Courage Valérie, nous ne t'oublions pas http ://www.essayiste.net

Ce message dépasse 140 caractères ! Plus sobre :

Aujourd'hui mardi 19 juin 2012, 7eme jour que Valérie Trierweiler n'a pas utilisé twitter. Courage Valérie... http ://www.essayiste.net

Va-t-elle fermer son compte ? Ou revenir ?

Stéphane Ternoise

Né en 1968, il publie depuis 1991, d'abord sous son nom de naissance puis sous divers pseudonymes, éditeur indépendant depuis son premier livre.

Dès 2004, il a proposé des livres numériques, en PDF. Mais c'est en 2011 seulement que les ventes dématérialisées ont démarré. Son catalogue numérique (depuis mi 2011 distribué par *Immateriel*) a ainsi rapidement dépassé celui du papier, grâce à des essais, des livres de photos... tout en continuant la lente écriture dans les domaines du théâtre et du roman. Depuis octobre 2013, et son « identifiant fiscal aux États-Unis », son catalogue papier tend à rattraper celui en pixels.

Il convient donc de nouveau d'aborder l'auteur sous le biais de l'œuvre. Ainsi, pour vous y retrouver, http ://www.ecrivain.pro essaye de fournir une vue globale. Et chaque domaine bénéficie de sites au nom approprié :
http ://www.romancier.org
http ://www.parolier.org

http ://www.essayiste.net

http ://www.dramaturge.fr
http ://www.lotois.fr

Vous pouvez légitimement vous demander pourquoi un auteur avec un tel catalogue ne bénéficie d'aucune visibilité dans les médias traditionnels. L'écriture est une chose, se faire des amis utiles une autre !

Catalogue

Romans : (http ://www.romancier.org)
Le Roman de la révolution numérique également sous le titre *Un Amour béton*
Ils ne sont pas intervenus (le livre des conséquences) également sous le titre *Peut-être un roman autobiographique*
La Faute à Souchon ? également sous le titre *Le roman du show-biz et de la sagesse (Même les dolmens se brisent)*
Liberté, j'ignorais tant de Toi également sous le titre *Libertés d'avant l'an 2000*
Viré, viré, viré, même viré du Rmi
Quand les familles sans toit sont entrées dans les maisons fermées

Edition (http ://www.auto-edition.com)
Le guide de l'auto-édition, papier et numérique
Le manifeste de l'auto-édition - Manifeste politico-littéraire pour la reconnaissance des écrivains indépendants et une saine concurrence entre les différentes formes d'édition
Écrivains, réveillez-vous ! - La loi 2012-287 du 1er mars 2012 et autres somnifères
Le livre numérique, fils de l'auto-édition
Réponses à monsieur Frédéric Beigbeder au sujet du Livre Numérique (Écrivains= moutons tondus ?)
Comment devenir écrivain ? Être écrivain ? (Écrire est-ce un vrai métier ? Une vocation ? Quelle formation ?...)
Copie privée, droit de prêt en bibliothèque : vous payez, nous ne touchons pas un centime - Quand la France organise la marginalisation des écrivains indépendants
Alertez Jack-Alain Léger !

Théâtre : (http ://www.dramaturge.fr)
La baguette magique et les philosophes
Neuf femmes et la star
Avant les élections présidentielles
Les secrets de maître Pierre, notaire de campagne
Deux sœurs et un contrôle fiscal
Ça magouille aux assurances
Pourquoi est-il venu ?
Amour, sud et chansons
Blaise Pascal serait webmaster
Aventures d'écrivains régionaux
Trois femmes et un amour
Chanteur, écrivain : même cirque
« Révélations » sur « les apparitions d'Astaffort »
Brel / Cabrel (les secrets de la grotte Mariette)
J'avais 25 ans

Pour troupes d'enfants :
Les filles en profitent
Révélations sur la disparition du père Noël
Le lion l'autruche et le renard
Mertilou prépare l'été
Nous n'irons plus au restaurant

Recueils :
Théâtre peut-être complet
La fille aux 200 doudous et autres pièces de théâtre pour enfants
Théâtre pour femmes

Chansons : (http ://www.parolier.info)
Chansons trop éloignées des normes industrielles
Chansons vertes et autres textes engagés
Parodies de chansons - De Renaud à Cabrel En passant par Cloclo et Jacques Brel
Chansons d'avant l'an 2000
Vivre Autrement (après les ruines), l'album invisible...

Photos : (http ://www.france.wf)

Cahors, 42 inscriptions aux Monuments Historiques

La disparition d'un canton : Montcuq

Montcuq, le village lotois

Cahors, des pierres et des hommes. Photos et commentaires

Limogne-en-Quercy Calvignac la route des dolmens et gariottes

Saint-Cirq-Lapopie, le plus beau village de France ?

Saillac village du Lot

Limogne-en-Quercy cinq monuments historiques cinq dolmens

Beauregard, Dolmens Gariottes Château de Marsa et autres merveilles lotoises

Villeneuve-sur-Lot, des monuments historiques, un salon du livre... -Photos, histoires et opinions

Henri Martin du musée Henri-Martin de Cahors - Avec visite de Labastide-du-Vert et Saint-Cirq-Lapopie sur les traces du peintre

L'église romane de Rouillac à Montcuq et sa voisine oubliée, à découvrir - Les fresques de Rouillac, Touffailles et Saint-Félix

Cajarc selon Ternoise

Livres d'artiste (http ://www.quercy.pro)

Quercy : l'harmonie du hasard

Lot, livre d'art

Quercy : l'harmonie du hasard

La beauté des éoliennes

Golfech, c'est beau un village prospère à l'ombre d'une centrale nucléaire

Jésus, du Quercy

Essais (http ://www.essayiste.net)
Ya basta Aurélie Filippetti !
Amour - état du sentiment et perspectives
Contrairement à Gérard Depardieu, dois-je quitter la France ?
Cahors, municipales 2014 : un enjeu départemental majeur
Quand Martin Malvy publie un livre : questions de déontologie

Politique : (http ://www.commentaire.info)
Ce François Hollande qui peut encore gagner le 6 mai 2012 ne le mérite pas
Nicolas Sarkozy : sketchs et Parodies de chansons
Bernadette et Jacques Chirac vus du Lot
Affaire Ségolène Royal - Olivier Falorni Ce qu'il faut en retenir pour l'Histoire - Un écrivain engagé, un observateur indépendant
François Fillon, persuadé qu'il aurait battu François Hollande en 2012, qu'il le battra en 2017

Notre vie (http ://www.morts.info)
La trahison des morts : les concessions à perpétuité discrètement récupérées - Cahors, à l'ombre des remparts médiévaux, les vieux morts doivent laisser la place aux jeunes...
Cahors : Adèle et Marie Borie contre Jean-Marc Vayssouze-Faure - Appel à une mobilisation locale et nationale pour sauver les soeurs Borie...

Jeux de société
http ://www.lejeudespistescyclables.com
La France des pistes cyclables - Fabriquer un jeu de société pour enfants de 8 à 108 ans
Le bon chemin pour Saint-Jacques-de-Compostelle

Divers :
La disparition du père Noël et autres contes
J'écris aussi des sketchs
Vive les poules municipales... et les poulets municipaux - Réduire le volume des déchets alimentaires et manger des oeufs de qualité
Le Martyr et Saint du 11 septembre : Jean-Gabriel Perboyre

En chti : (http ://www.chti.es)
Canchons et cafougnettes (Ternoise chti)
Elle tiote aux deux chints doudous (théâtre)

Œuvres traduites (http ://www.traducteurs.net)
La fille aux 200 doudous :
- *The Teddy (Bear) Whisperer* (Kate-Marie Glover)
- Das Mädchen mit den 200 Schmusetieren (Jeanne Meurtin)

- Le lion l'autruche et le renard :
- How the fox got his cunning (Kate-Marie Glover)

- Mertilou prépare l'été :
- The Blackbird's Secret (Kate-Marie Glover)

- *La fille aux 200 doudous et autres pièces de théâtre pour enfants (les 6 pièces)*
- La niña de los 200 peluches y otras obras de teatro para niños (María del Carmen Pulido Cortijo)

Chansons - Cds :
(http ://www.chansons.org)
Vivre Autrement (après les ruines)
Savoirs
CD Sarkozy selon Ternoise (parodies de chansons, 2006)

Visage de Cahors
Poutre extérieure

Affaire Ségolène Royal - Olivier Falorni Ce qu'il faut en retenir pour l'Histoire

Un écrivain engagé, un observateur indépendant

Dépôt légal à la publication au format ebook du 19 juin 2012.

Imprimé par CreateSpace, An Amazon.com Company pour le compte de l'auteur-éditeur indépendant.
livrepapier.com

ISBN 978-2-36541-560-6
EAN 9782365415606

Affaire Ségolène Royal - Olivier Falorni Ce qu'il faut en retenir pour l'Histoire - Un écrivain engagé, un observateur indépendant de Stéphane Ternoise
© Jean-Luc PETIT - BP 17 - 46800 Montcuq